इम्कान-ए-मोहब्बत

(ग़ज़ल संग्रह)

दिनेश पाल सिंह

Delhi-110089, India

प्रथम संस्करण : 2021
ISBN : 978-93-90889-47-1

मूल्य : 185/-

इम्कान-ए-मोहब्बत (ग़ज़ल संग्रह)
-दिनेश पाल सिंह

Imkan-E-Mohabbat (Gazal Sangrah)
-Dinesh Pal Singh

Published by
PRAKHAR GOONJ PUBLICATION
H-3/2, Sector-18, Rohini, Delhi-110089
Email : prakhargoonj@gmail.com
        sinha.neelu123@gmail.com
Ph. : 7982710571, 7838505899, 011-42635077
web : prakhargoonjpublications.com

अपने गमों में मसरूफ हैं शायद,
खशमोश बैठे हैं मुझको सताने वाले
रुख-ए-मौसम बदल जाते हैं,
खूब देखे हैं साथ निभाने वाले।
इबादत की हद में नहीं रहते,
खुद को दरमियां से हटाने वाले।
वफा के नाम पे चुप लगा गए,
हमें मोहब्बत का अन्दाज़ सिखाने वाले।
अक्ल-ओ-इश्क का क्या मेल साहेब,
न समझे, न समझेंगे ज़माने वाले।
कि अक्सर अकेले ही रह जाते हैं,
देख भाल कर दोस्त बनाने वाले।
मीर-ओ-मिर्ज़ा-ए-रौनक-ए-मुशायर,
अब सुनने वाले हैं न सुनाने वाले।
मंज़िल का पता ले कर लौटे हैं,
बस अब हम कहीं नहीं जाने वाले।

जूनुन-ए-तिश्नगी समझ,
डूबने का हुनर सीख ले।
कतरा कतरा मुन्तज़िर है,
आगोश में समंदर लिए हुये।

बुत तराशी का दावा कोई,
न जमा करने का फितूर।
लोग क्यूँ ढूँढ्ते हैं मुझे,
हाथ में पत्थर लिए हुये।

ज़िन्दगी तेरे नाम कर दी,
फिर मौत से क्या गुरेज़
तलवार उठाइए हुज़ूर कि हम,
हाज़िर हैं सर लिए हुये।

आस्तान-ए-औलिया से
चारागर-ए-मोहब्बत तक,
कहाँ कहाँ न भटके हम,
इक चोट दिल पर लिए हुये।

अभी भी वक्त है दिशी
तौबा से तौबा कर ले
मैकदे भी तरस रहे हैं
हाथ में सागर लिए हुये।

ख्याल ठहरा हुआ सा
दिल में बेकली सी है।
मेरे साये को मुझसे,
अजब दुश्मनी सी है।

यूं जी तो रहा हूँ,
साँस भी है आती जाती
ये ज़िन्दगी तो नहीं
पर ज़िन्दगी सी है।

किसकी दुआ कुबूल हुई,
किसका ख़्वाब मुकम्मल हुआ
कि आज उनकी गली में
कुछ रौशनी सी है।

इश्क-ए-वजूद-ए-हकीकत
सुन के आया है कहीं
वाइज़ के लह्ज़े में
शर्मिन्दगी सी है।

कोई हैरत नहीं जो
वो अब नहीं सुनता
कि मेरे सज्दे में
इक बन्दगी सी है।

मुफलिसी के दौर में भी
अंजुमन-ए-खास रखते हैं
कुछ खार यूँ भी है जो
फूलों की बास रखते हैं।

वहीं फ़ना हो सकेंगे
जो दो के दरमियां
न जिस्म रखते हैं
न लिबास रखते हैं।

सहरा हो कि दरिया हम
नज़र-अंदाज़ नहीं करते
आँखों में नमी और
होंठों पर प्यास रखते हैं।

बस एक यही वजह है
उनके ना-मुक्कम्मल होने की
मोहब्बत के नशे में वो
होश-ओ-हवास रखते हैं।

फिर जाने ये ज़िंदगी
कब दगा दे जाए
कि हम मौत को भी
अपने आस-पास रखते हैं।

ज़हन के अधूरेपन को
मोहब्बत से कामिल किया
तस्वीर मुकम्मल तब हुयी जब
रंग-ओ-नूर भी शामिल किया।

भूल हुयी जो मैंने भी
औरों की देखा देखी
माज़ी को हकीकत समझा
ख़्वाब को मुस्तकबिल किया।

वक़्त-ओ-वजूद ही नहीं
फिर ये बात बेमानी है
कब मैंने खुद को खोया
और कब उसको हासिल किया।

पहले भी आसान कहाँ था
इश्क का हद्द से गुजरना
हुस्न को बेनियाज़ी दे कर
तूने और भी मुश्किल किया।

इल्म-ओ-दौलत के वास्ते
बेकैफ भागती इस दुनिया में
पूरी तरह नाकाम हो सकूँ
खुद को इतना काबिल किया।

सजदे पे सजदे किये जाते हैं
कभी तो नज़र-ए-इनायत होगी।

आप अपनी बेरुखी पे गौर करें
जो हम कहेंगे तो शिकायत होगी।

हर इलज़ाम सर लिए बैठे हैं
हमसे न तौहीन-ए-मोहब्बत होगी।

दिल के कहे हार मानी थी।
दिल न माना तो बगावत होगी।
इश्क में फायदा नहीं देखते प्यारे
लें-दें तो फकत तिजारत होगी।

ईक आह जो अभी नहीं निकली
किसी शोख हसीना की अमानत होगी
मयकशी से तौबा किये बैठे हैं
शेख़ साहब से क्या इबादत होगी।

खुदा भी ना-उम्मीद हो लेगा जब
सुनते हैं उस रोज कयामत होगी।

वो जूनून ही क्या
जो वक्त का मोहताज हो
वो इश्क ही क्या
जो अंजाम तक पहुँचे

वफा के रास्तों पर
मोहब्बत का नाम के कर
इल्म न पहुँच सका जहां
हम वहां तक पहुँचे।

इन्साफ की उम्मीद पर।
फिर किसी मजलूम ने
आवाज़ तो लगायी है
देखिये कहाँ तक पहुँचे

साए तक छोड़ गए
साथ एक दूसरे के
कुछ दीवाने ही थे जो
तेरे मुकाम तक पहुँचे।

और मज़ा तो तब है
जब ये अदब-ओ-हुनर
महफिलों से निकल कर
सर-ए-आम तक पहुँच।

ये बेफिक्री का चलन
ठीक है मगर अब कोई
शर्म-ओ-हया की
वकालत नहीं करता

असली उस्ताद वही जो
इक–सार बाँट देता है
इल्म–ओ–हुनर की
तिजारत नहीं करता

जब भी मिलता हूँ
शुक्र अदा करता हूँ
माँगने की नीयत से
ईबादत नहीं करता।

वो जिसे ऐतराज़ है
दर्दमन्द ग़ज़लख़्वाही से
तन्हाईयों से गुजरता तो
शिकायत नहीं करता

उम्र का तकाज़ा कहुं
या हालात से समझौता
कुछ तो है जो दिल अब
बगावत नहीं करता।

पांव जमीन पर जमाए
आसमान में रहते हैं
हम हर जगह हैं मगर
दरमियान में रहते हैं।

शागिर्द-ए-सुकून है
बगावती खून है अपना
कभी कलम में तो कभी
म्यान में रहते हैं।

हमें क्या लेना देना
सियासत-ए-तकरीरों से
हम तो प्यारे आशिकों की
जुबान में रहते हैं

एक हम ही तो हैं जो
यकीं कर लेते हैं आपका
वाइज-ओ-रकीब तो अपने
गुमान में रहते हैं।

न पिछला याद इन्हें,
न आगे की फिक्र कोई।
जाने दिशी कौन से
जहान में रहते हैं।

जमीन बदल जाती है,
आसमान बदल जाते हैं
यहाँ जरूरत के मुताबिक,
इंसान बदल जाते हैं।

रात मैखाने में तो
सुबह मस्जिद में है
नशा कायम रहता है
ईमान बदल जाते हैं।

कल का मजलूम आज
पत्थर उठाये खड़ा है
हाथों में आते ही
गिरेहबान बदल जाते हैं।

किसको फुर्सत है वहां
समझने की समझाने की
बातों बातों में जहां
उन्वान बदल जाते हैं।

बेलिहाज़ बैठे हैं ओ
गैर के पहलू में
सोहबत बदलती है तो
अरमाँ बदल जाते हैं।

न इंतज़ार की कसक
न मिलने की आरजू
ख़ुशनसीब हैं वो
जिन्हें तेरा पता नहीं

गूंगे की मिठास है
सिर्फ इक अहसास है
जो कहा सुना जा सके
वो मेरा खुदा नहीं।

एक ही मिट्टी के
अलग अलग रंग है
ऐसे सब जुड़ा है
वैसे कोई जुड़ा नहीं

तू अपनी बर्बादियों का
किसे इलज़ाम देगा
तेरे अंदर तू खुद है
और कोई दूसरा नहीं

यूं तो हमें खुद से
कोई उम्मीद नहीं मगर
मुफ्त हाथ आये तो
कुछ भी बुरा नहीं

रुह-ए-तहकीकात में
उलझा हुआ हूँ मैं
खुद से मुलाकात में
उलझा हुआ हूँ मैं

कभी दिल के नख़रे
कभी ज़हन की ख़्वाहिशें
गैर ज़रूरी जज्बात में
उलझा हुआ हूँ मैं।

अब ऐसा भी नहीं कि
बात करनी नहीं आती
बस यूँही तक्कलुफात में
उलझा हुआ हूँ मैं।

परिंदे दम-ए-रुख़्सत
आख़िर कहाँ जाते हैं
कुछ ऐसे सवालात में
उलझा हुआ हूँ मैं

गर मौत ही आख़िरी
सिला है ज़िन्दगी का तो
कहाँ रंज-ओ-हयात में
उलझा हुआ हूँ मैं।

आंखों में खुद अपनी ही
तस्वीर लिए बैठा है
हर शख्स यहाँ पाँव में
जंज़ीर लिए बैठा है।

वक्त बदला दुनिया बदली
मगर इंसान अभी तलक
वही पुराने लफ्ज़ों की
तकरीर लिए बैठा है।

आफताब के डूबने का
गम न कर प्यारे
आसमान का हर सितारा
तनवीर लिए बैठा है।

सूखे हुए दरख़्त पर
उम्मीद-ए-बहार में
देख परिन्दा ख़्वाबों की
तामीर लिए बैठा है।

दिल-ए-मासूमियत को
कौन पूछेगा यहाँ दिशी
जिसे देखिये ईल्म की
जागीर लिए बैठा है।

अब जो ठहरा हूँ तो
जी भर के जी लेने दो
मेरी यादों के कारवां
कौन जाने फिर किधर जाएंगे।

बड़ा नाज था हमें
हस्ती-ए-मौहूम पर
दो दिन की बरसात में
ये रंग भी उतर जाएंगे।

तू हर एक पल की
तसदीक करता चला जा
जब खुशी ही न ठहरी
तो गम भी गुजर जाएंगे।

दीन-ओ-ईमान दोनों
उन्हीं के नाम कर दिए
क्या खबर थी कि वो
वादे से मुकर जाएंगे।

इक हलकी सी चुभन
याद रह जाएगी उमर भर
ज़ख़्म तो ज़ख़्म है
कुछ देर में भर जाएंगे।

मालूम होता है ज़िन्दा हूँ अभी
दिल धड़कने की सदा आयी है।
हल्की सी खलिश है ज़हन में
फिर कोई चोट उभर आयी है।

हवादिस है तेरा रूठ जाना
कयामत है क्या तेरी अंगड़ाई है
ख़्वाब मे आने का वादा लिया
तब जा के कहीं नींद आयी है।

ये मोहब्बत की दुनिया है यहां
इल्म हैरान है अक्ल तमाशायी है
हुस्न-ओ-इश्क का साथ कहां
ठोकरें खा के समझ आयी है।

दर्द-ओ-गम क्यूँकर न सहें।
मेरे गुनाहों की भरपायी है।
जिगर पे लिया करते थे कभी
अबकि जान पे बन आयी है।

बेइख़्तियारी का आलम न पूछ
मैं हूँ और मेरी तन्हाई है।

न मंज़िल की तमन्ना
न परवाह इन्तहा की
देखिये कहाँ ले चला
इश्क का आगाज़ मुझको।

तकसीन-ए-एना से
कभी तो बाज आऊँगा
ज़िन्दा रखे हुए हैं
हसरत-ए-परवाज़ मुझको।

हर तरफ गूँजता है
अनहद-ए-मन्सूर जब
सुनाई नहीं देती फिर
और कोई आवाज़ मुझको।

दिल-ओ-दिमाग की
पुरसिश में उलझा हूँ
क्या समझ में आएगा
ज़िन्दगी का राज़ मुझको।

खुद को मनाने की
उम्र होती है शायद
अब रास नहीं आता
नाज़-ओ-नियाज़ मुझको।

जाये उनकी बज़्म में
मगर शर्त इतनी है
दिमाग़ खुला रखें और
दिल सँभाल कर बैठें।

ज़िन्दगी बे-ईमान निकली
और मौत ला-इलाज
फिर क्यूँ गर्मों की
देखभाल कर बैठे।

आदम-ए-हव्वा से
मंदिर-ओ-मस्जिद तक
क्या सोच कर आए
क्या बवाल कर बैठे।

लफ्ज़-ए-कारीगरी
इल्म-ए-सुकून नहीं
कहीं ऐसा न हो
कोई सवाल कर बैठे।

महकी हुयी साँसें हैं
बहके हुए से कदम
किसी को क्या मालूम
क्यूँ नशे में हूँ मैं।

वाइज परेशान है
रकीब हैरत में
किस किस को समझाऊँ
क्यूँ नशे में हूँ मैं।

सब लोग पूछते हैं
राज़-ए-इबादत मुझसे
मैं खुद तो समझ जाऊँ
क्यूँ नशे में हूँ मैं।

तज़ुर्बात-ए-हवादिस ही
काम आये हैं मेरे
न ख़ुदा मिला कभी
न कोई उस्ताद मुझको।

वक्त-ओ-वुसअत-ए-पाबंदी
बेमानी हो गयी सब
वो तेरा रूठ कर जाना
कर गया आज़ाद मुझको।

तर्क-ए-ताल्लुक के बाद
तर्क-ए-अहसास ज़रूरी था
सब भूल चूका हूँ मैं
अब कुछ नहीं याद मुझको।

ज़िन्दगी का भरोसा नहीं
और मौत मुस्तकिल ठहरी
तो फिर किस बात पर
डराता है सय्याद मुझको।

शब-ए-हिज़ में
गम-ए-तन्हाई को
ज़हन में यादों का
एक कोना ज़रूरी है।

हम को मय्यस्सर कहां
आफताब की पहली किरण
जल्दी उठने के लिये
जल्दी सोना ज़रूरी है।

आंख जमा के देख
कान लगा के सुन
अहम् पाने के वास्ते
वहां खोना ज़रूरी है।

हुस्न-ओ-इश्क की
मुकम्मल दास्ताँ को
तेरा हँसना ज़रूरी है
मेरा रोना ज़रूरी है।

तू अपने वजूद पर
इतना भी न इतरा
तेरे होने के लिये
मेरा होना ज़रूरी है।

वो क्यूँ फिक्र करता
शान-ओ-शौकत की
सहरा में भी जिसे
नूर-ए-आफताब मिला।

बड़ी ठोकरें खाई हैं
बड़ी मन्नतें मांगी साहेब
तब कहीं जा कर।
कुछ दर्द-ओ-अजाब मिला

मीर से फैज़ तक
मीरा से मिर्जा तक
मोहब्बत के गलियारों में
जो मिला कामयाब मिला।

मैं अभी भी तुझको
देख-सुन सकता हूँ
आब-ओ-हया रहने दे
शराब में शराब मिला

ये दश्त-ए-हयात
ये तलाश-ए-हमराह
सफर अच्छा था मगर
रास्ता बहुत खराब मिला।

कभी तो रंग लाएगी
साकी-ए-मयफरोशी
दिलों के बहकने में
वक्त लगता है साहेब।

हंसना सिखा रहा हूँ
खिलना सिखा रहा हूँ
चमन को महकने में
वक्त लगता है साहेब।

कभी तो मिलेगा वो
कहीं तो जरूर होगा
दिन रात भटकने में
वक्त लगता है साहेब।

बूँद बूँद मोहब्बत की
पल पल बिना रुके
पत्थर को पिघलने में
वक्त लगता है साहेब।

मुझे बाहर न निकालो
ज़िन्दगी की दौड़ से
गिर कर सँभलने में
वक्त लगता है साहेब।

कोई हैरत नहीं जो
तनहा रह गए हम
शायर को समझने में
वक्त लगता है साहेब।

अब कहाँ वो जूनून रहा
अब कहाँ वो अहसास रहा
लोग यहाँ फकत अपनी
आवाज़ बेचते फिरते हैं।

खुदा महफूज रखे ऐसे
रह-नुमाओं से जो
जंज़ीर हाथ में लिये
परवाज़ बेचते फिरते हैं।

कि अंजाम की परवाह
जिसे होगी उसे होगी
हम तो प्यारे इश्क का
आगाज़ बेचते फिरते हैं।

गर मौत का एक दिन
मुअय्यन है तो फिर क्यूं
शेख़ साहब जीने के
अन्दाज़ बेचते फिरते हैं।

बाद-ए-फैज़-ओ-गालिब के
कोई शायर हुआ कहां
दिशी मियां भी उन्हीं के
अलफाज़ बेचते फिरते हैं।

उसे भी दर्द देने का
नया अंदाज़ आ गया
मुझे भी अपने ग़मों से
फुर्सत है आजकल।

कसी को किसी का
यकीन ही नहीं होता
दिल लगाना भी गोया एक
तोहमत है आजकल।

ये निजाम क्या बदला
तौर तरीका बदल गया
सुना है लोगों में बड़ी
दहशत है आजकल।।

जिसे देखिये हाथ में
पत्थर लिए बैठा है
मुझ से कहीं आगे मेरी
शोहरत है आजकल।

जिन की तारीफ में कभी
कसीदे पढ़े थे हमने
उन्हें भी मेरी कलम से
शिकायत है आजकल।

हयात-ए-फानी की
जवानी लिखेंगे लोग
शोखी-ए-तकदीर की
निशानी लिखेंगे लोग।

लफ्ज़ कम पड़ जाएंगे
एक-एक अहसास को
कैसे भला इश्क की
कहानी लिखेंगे लोग।

कभी तो रंग लाएँगी
बारीकियां सूखन की
कब तक मेरे ख़ून को
पानी लिखेंगे लोग।

उसी के दम से है
इश्क़ –ओ–इबादत भी
कब तलक मीरा को
दीवानी लिखेंगे लोग।

दिल थाम के रह जाएंगे
तर्जुमा करने वाले
जब कभी मेरी ग़ज़ल के
मानी लिखेंगे लोग।

हुस्न-ओ-इश्क के
अफसाने याद आ गए
अक्ल की बात चली तो
दीवाने याद आ गये।

आंखों में नमी की
वजह न पूछिए साहेब
बस यूँ ही कुछ दोस्त
पुराने याद आ गए

उन्होंने भी देख लिया
नज़र बचा के सब से
हमें भी गुजरे हुए
ज़माने याद आ गए।

इक आखिरी उम्मीद पर
रौशन हो गयी महफिल
बुझती हुयी शमा को
परवाने याद आ गए।

दो घूँट पिला कर
तौबा की बात करते हैं
आज अपने शहर के
मयखाने याद आ गये।

दिल को दिमाग से
अदावत भी बहुत थी
सर को झुकाने में
नदामत भी बहुत थी।

बिन सोचे बिन समझे
अहसास जमा कर लिये
हमन को हमन से
मोहब्बत भी बहुत थी।

तब इश्क करने में
परहेज़ नहीं होता था
तब दर्द-ओ-गम की
कीमत भी बहुत थी।

कुछ अहल-ए-दुनिया के
उसूल भी निराले थे
कुछ अपनी फितरत में
बगावत भी बहुत थी।

यूं ही नहीं हम
बदनाम हो गए साहब
हम को इस फन की
महारत भी बहुत थी।

यूं ही सर फोड़ कर
मर जाना भी नहीं आता
उलझी हुयी ज़िन्दगी को
सुलझाना भी नहीं आता।

गुलों की किस्मत में
रंग भी है खुशबू भी
काँटों को तो साहेब
मुझ़ाना भी नहीं आता।

मेरा साथ निभाने का
दावा कर रहे हैं
कि जिन्हें गमों में
मुस्कुराना भी नहीं आता

इज़्हार-ए-मोहब्बत पर
सवाल पूछते हैं वो
आजकल की लड़कियों को
शर्माना भी नहीं आता।

कुछ उनकी फितरत में
वफा भी कम है
कुछ हमें दिल को
समझाना भी नहीं आता।

फिर किसी ने पलट कर
कभी पूछा ही नहीं
साकी पे क्या बीती
पैमाने पे क्या गुज़री।

हम तो चले गए
उनकी कसम खा कर
खुदा जाने गए साल
मयखाने पे क्या गुज़री।

उसे तो रौशनी का
सवब मिल ही गया
शमा को क्या गरज़
परवाने पे क्या गुज़री।

उसकी तरबीयत बहुत कुछ
मेरे दिल से मिलती है
हां मैं जानता हूँ
वीराने पे क्या गुज़री।

लोगों ने उठा लिये
हाथों में पत्थर आदतन
किसी को क्या मालूम
दिवाने पे क्या गुज़री।

एक ही दफा बरसा था
नूर-ए-मोहब्बत
अब तलक मेरी आँखों के
उजाले ना गए।

बतौर-ए-निशानी साथ है
वहशत-ए-आवारगी
जुम्बिश-ए-आस चली गयी
पाँव के छाले न गये।

जो इश्क में फरियाद करता
तो गुनहगार होता
तुमसे मेरे नाम के
पत्थर भी उछाले न गए।

वो भला क्या ऐब निकालेंगे
मेरी फितरत के
अपनी जुल्फों के बल भी
जिनसे निकाले न गए।

किसी की जफाओं का शिकवा
फिर क्यूँकर करें
हम ही से कुछ रिश्ते
सम्भाले न गए।

मनका किसी धागे में
पिरोया ही नहीं था
खुद को किसी रंग में
डुबोया ही नहीं था

पल हंसा पल रोया
पल जिया पल मरा
मस्त रहा कि कोई ख़्वाब
सँजोया ही नहीं था।

दिल-ओ-जिगर के दर्द
अश्कों में घुल गए
वही ज़ख़्म रह गया
जो धोया ही नहीं था

सूकून की तलाश में
भागते फिरते हैं लोग
कैसे फलेगा कि कभी
बोया ही नहीं था।

भीतर खोजा बाहर खोजा
फिर कहीं पता चला
वो जिसे ढूँढ़ते रहे
खोया ही नहीं था।

बे–लौस गुनाहों की
सजा ढूँढ रहा हूँ मैं
इक उमर से जख़्मों की
दवा ढूँढ रहा हूँ मैं।

नामुमकिन सा है मगर
आने वाले पल में
जाते हुए पल का
पता ढूँढ रहा हूँ मैं।

तंग आ चुका हूँ
मयखाने बदलते बदलते
चढ़ कर न उतरे ऐसा
नशा ढूँढ रहा हूँ मैं।

यकीन-ए-वजूद कहिये
या खालिस दीवानगी
कि पत्थर में भी
खुदा ढूँढ रहा हूँ मैं।

ये दोनों बातें अब तक
समझ से परे हैं
क्या खो गया था मुझसे
क्या ढूँढ रहा हूँ मैं

शेख-ओ-बिरहमन के
बहकावे में चलता है
कि ज़ाहिद को खुद पर
ऐतबार नहीं है।

जुनूं-ए-खुद्दारी-ए-वतन
कायम है अभी
फख्र नाकाम जरूर हुआ है
शर्मसार नहीं है।

हमने माना कि अमन-ओ-चैन
बड़ी ताकत है
दिल बेकैफ गुलामी को मगर
तैयार नहीं है।

कोई जा के समझा दे
इन रकीबों को
अहद-ए-इन्किलाब को अब और
इंतज़ार नहीं है।

अब उन्हें भी नफरत के
मायने समझने होंगे
वो की जिन्हें मोहब्बत से
सरोकार नहीं है।

सूकून-ए-वजूद अगर आरजी होता
वक्त-ए-मानिन्द गुजर गया होता।

दिमाग था इसीलिए भागता रहा
दिल होता तो ठहर गया होता।

हां इश्क से महरूम रहा वाइज
नहीं तो अब तक सुधर गया होता।

पस-ए-आइना जो कभी देखता
सर-ए-आईना संवर गया होता।

झूठी उम्मीद से बँधा था वर्ना
अहम् कब का बिखर गया होता।

जुनूं-ए-तिश्नगी है साहेब
नशा होता तो उतर गया होता।

दर्द की ज़द् में है ज़िंदगी
ज़ख़्म होता तो भर गया होता।

भला लगे बुरा लगे
सब के बीच कहता हूँ
महफिल से बाहर निकल कर
साजिश नहीं करता।

मुझे मेरी जरूरतों से
ज्यादा दिया है उसने
सज्दे में सर झुकाता हूँ
गुज़ारिश नहीं करता।

हासिल–ए–ज़िन्दगी को
चुपके से बाँट आता हूँ
मैं ईल्म–ओ–अख़लाक की
नुमाईश नहीं करता।

आती जाती साँसों को
आने जाने देता हूँ
कभी जीने कभी मरने की
ख़्वाहिश नहीं करता।

जेहेन–ए–तलातुम से
पार उतर चुका शायद
कुछ तो है जो दिल अब
फरमाइश नहीं करता।

ये ख़्वाबों के मरहले
ये ख़यालों के सिलसिले
बेलगाम यकीनन नहीं मगर
उकता चुका हूँ मैं।

मुझे भी अहसास है
अहल-ए-वफादारियों का
बेइमान यकीनन नहीं मगर
उकता चुका हूँ मैं।

कभी भी कई इंसान
चीख़ते हैं मेरे अंदर
बेजुबान यकीनन नहीं मगर
उकता चुका हूँ मैं।

माज़ी मेरे पीछे है
और मुस्तकबिल मेरे आगे
बेनाम यकीनन नहीं मगर
उकता चुका हूँ मैं।

सब कुछ उसी का है तो
उसी के हवाले कर दूं
बेगुमाँ यकीनन नहीं मगर
उकता चुका हूँ मैं।

कुछ तो पहले ही थी
आसार-ए-जुनूं
कुछ तेरी मोहब्बत ने
दीवाना बना दिया।

शब-ए-हिज़ की
नर्म तन्हाईयों ने
मिजाज़-ए-आशिक को
शायराना बना दिया।

दो दिलों का मिलना
मामूली बात थी
दुनिया की मुखालफत ने
अफसाना बना दिया।

जुल्म-ओ-सितम को
वजह दरकार थी
लोगों ने इश्क को
निशाना बना दिया।

कब्ज-ए-रूह से
तंग आ कर।
ज़िन्दगी ने मौत का
बहाना बना दिया।

बूँद बूँद समन्दर बने
कुदरत के करिश्मे हैं
बूँद बूँद समन्दर हो
ये ज़रूरी तो नहीं।

जो कुछ मेरे बाहर
दिखायी पड़ता है तुम्हें
वही मेरे अंदर हो
ये ज़रूरी तो नहीं।

साथ निभाने का वादा
कर लेता है आदतन
वो तेरा भी हमसफर हो
ये ज़रूरी तो नहीं।

सब एक ही हैं
जुड़ा कुछ नहीं लेकिन
उसे भी इसकी खबर हो
ये ज़रूरी तो नहीं।

इक रिश्ता-ए-उम्मीद
कायम तो है मगर
हर दुआ में असर हो
ये ज़रूरी तो नहीं।

वजूद ए हस्ती क्या है
पैमाना ए वजूद क्या
उलझे हुए सवालात हैं।
तुम्हें क्या मालूम।

मेरी तामील ए आरजू
तेरे ख़्वाबों की तामीर
सेहरा ए सराबात हैं
तुम्हें क्या मालूम

दो हिचकियों के दरमियान
ज़िन्दगी तलाश करता हूँ
बेहद नाजुक हालात हैं
तुम्हें क्या मालूम

दौर ए मुफलिसी हो
कि खयाल–ए–आवारगी
इश्क की सौगात है
तुम्हें क्या मालूम

इक हम ही तो हैं
जो निभा ले जाते हैं
इक तरफा ताल्लुकात है
तुम्हें क्या मालूम

कहां खोया था मुझसे
किधर ढूँढ रहा हूँ मैं
दिल ओ दिमाग-ए-सुकून
अगर ढूँढ रहा हूँ मैं

कि मेरी हर तलाश
मुझी पे खत्म होती है
मंज़िल हाथ में लिए
सफर ढूँढ रहा हूँ मैं

इतना भी सहल नहीं
ख्वाहिशों से बाहर आना
पल दर पल जीने का
हुनर ढूँढ रहा हूँ मैं

जुनून ए दीद के
हौसले की दाद देना
पचपन में बचपन की
नज़र ढूँढ रहा हूँ मैं

कुछ तेरी रहमत की
काइल भी है दुनिया
कुछ अपनी दुआओं का
असर ढूँढ रहा हूँ मैं..

वहशत ओ जहालत से
तंग आ चुके हैं अगर
हम एक नई दुनिया
इजाद क्यूं नहीं करते

गुलशन पर सैयाद का
कब्जा हो गया है तो
दश्त ओ सहरा को
आबाद क्यूं नहीं करते

हर जुल्म को अपने
सब्र से आंकते हैं
ये कौन लोग हैं
फरियाद क्यूं नहीं करते

किसी का किया हुआ
कोई और क्यूं सहे
रूह को जिस्म से
आज़ाद क्यूं नहीं करते

कभी कुछ मांग लिया
कभी कुछ छीन लिया
तुम मुझे पूरी तरह
बर्बाद नहीं करते

जो है अभी यहीं है
इतना समझ आ जाए तो
ज़िन्दगी के सभी मसले
आसान हो सकते हैं

मुफलिसी हो ना मजबूरी
बेकसी हो ना बेजारी
मेरे ये अरमान तुम्हारे भी
अरमान हो सकते हैं

खुद अपने वजूद से
हमें राब्ता नहीं मगर
मोहब्बत के नाम पर
कुर्बान हो सकते हैं

जो सरहदों पे खिंची
लकीरों को नहीं मानते
दुनिया में कुछ ऐसे भी
इंसान हो सकते

मजहब के नाम पर
इंसानियत शर्मसार करने वाले
ना हिन्दू हो सकते हैं
ना मुसलमान हो सकते हैं..

कुछ बेमानी कुछ बेजान
ख़्वाबों को संवारा करते
मुफलिसी ना होती तो भला
किस तरह से गुजारा करते

खुदा का शुक्र है
तनहाई रास आ गई
वरना एक ही नाम
दिन रात पुकारा करते

मोहब्बत के भरम में
काट दी ज़िन्दगी सारी
आप कुछ तो कहते
कोई तो इशारा करते

दर्द ओ गम अजीज
वहशत ओ रुसवाई भी
हम किस बिना पे
दुनिया से किनारा करते

दो से एक हुए
तो एक ही जाना
कोई वजह ना रही
जो इश्क दोबारा करते...

क्यूं बेवजह जज़्बातों की
रफ्तार संभाले बैठे हैं
इजहार कीजिए कि हम
इकरार संभाले बैठे हैं

गंगा ना जाने तब से
कितनी बह गई साहेब
आप अभी कल का
अख़बार संभाले बैठे हैं

इज्जत नीलाम हो चुकी
शोहरत के बाजार में
ख़ान ठाकुर गिरती हुई
दीवार संभाले बैठे हैं

ढाई आखर प्रेम के
फना कर गए दुनिया
शेख़ साहेब इल्म की
तलवार संभाले बैठे हैं

चंद रोज भी जिसे
निभा सकी ना दुनिया
हम मुद्दत से वही
किरदार संभाले बैठे हैं

दीन ओ ईमान की
सियासत पे उतर आए हैं
खिदमत का दम भरने वाले
हुकूमत पे उतर आए हैं

भीड़ का मजहब नहीं होता
तो फिर ये कौन लोग हैं जो
खुदा के नाम पर
जहालत पे उतर आए हैं

क्या मुंह ले के जाएंगे
मीर ओ मीरा के सामने
जो मोहब्बत के आड़ में
तिजारत पे उतर आए हैं

झूठ की खिलाफत कहिए
या सच बोलने की तोहमत
मेरे खैरख्वाह मेरे खिलाफ
वकालत पे उतर आए हैं

अभी भी वक्त है
संभल जा ऐ नाखुदा
तुझे खुदा बनाने वाले
बगावत पे उतर आए हैं

कहीं तो सिला मिलेगा
वहशत ए आवारगी को
जो दर छोड़ आए
उसे पलट कर क्या देखना

गम हो कि खुशी
महफिलें हों कि तनहाई
सब उसका लिखा हुआ है
उलट कर क्या देखना

जब अपनी शर्तों पर
ज़िन्दगी गुजार दी तो अब
दम ए रूखसत उसूलों से
हट कर क्या देखना

मैंने जान बूझ कर उसे
बेवफा नहीं कहा यारों
जाते हुए लम्हों से
लिपट कर क्या देखना

क्यूं बेवजह सांसों को
जमा करते हो मियां
बिखर ही गए हो तो
सिमट कर क्या देखना...

कुछ हवा भी ख़िलाफ
बह रही थी मेरे
कुछ दिल को बहकने की
इजाज़त भी नहीं थी

खुद से बिछड़ने का
बहुत अफसोस था मगर
वापस पलट आएं
ऐसी हसरत भी नहीं थी

दोनों के दरमियान
इक अहम आड़े आता रहा
बेवजह सर झुकाने की
आदत भी नहीं थी

लोगों की देखा देखी
हाथ उठ गए वर्ना
सजदों में कभी इतनी
इबादत भी नहीं थी

दो पलों के बीच का
सफर तय करते रहे
कहीं ठहर जाना
मेरी फितरत भी नहीं थी

कहीं सितारे बिखेर देना
कहीं पे माहताब रखना
अंधेरों से लड़ना हो तो
निगाहों में आफताब रखना

जाता हुआ पल तुम्हें
खुद बा खुद सिखा जाएगा
तुम ना कोई सवाल करना
ना उम्मीद ए जवाब रखना

सांसें गिरवी रखी हैं
ख्वाहिशों के बाजार में
बड़ा महंगा पड़ा साहेब
खुद को कामयाब रखना

बेहद नाजुक होता है
हुस्न और इश्क का रिश्ता
शिकायत भी करनी हो अगर
तो लहज़ा बा गुलाब रखना

कब दिए कहां दिए
किसको दिए क्यूं दिए
बहुत मुश्किल है प्यारे
वादों का हिसाब रखना

ज़ाहिदी की जिद में
मयखाना वीरान हो जाएगा
रिंदों के हक में
बयान दे दूं क्या

जाने किस तरह मिटेगी
भूख मेरे अहम की
जमीन नाम लिख दूं
आसमान दे दूं क्या

एक अरसा हो गया
हकीकत का नकाब ओढ़े
ख़्वाबों को फिर एक
उड़ान दे दूं क्या

बेबस की आंखों में
आंसू नहीं देखे जाते
मूजलिम को बगावत की
जुबान दे दूं क्या

मैंने किसी बात का
ठेका नहीं उठा रखा
दुनिया नहीं बदलती तो
जान दे दूं क्या

दो सिरों के बीच
झूलता रहता है आदमी
और जिसे मालूम है वो
दरमियान में रहता है

मोहब्बत से शिकायत हो
कि फिक्र दो जहां की
शायर का सच उसकी
जुबान में रहता है

खुद परस्त दुनिया में
किसे ढूँढ़ता है तू
खुदा तो प्यारे कहीं
आसमान में रहता है

पल बदलें मौसम बदलें
पर इंसान नहीं बदलता
पूरे यकीन के साथ
गुमान में रहता है

क्या पता कब कहां
किस पे दिल आ जाए
एक तीर हमेशा मेरी
कमान में रहता है....

वही जीत का नशा
वही दौलत का सुरूर
वही भागम भाग है
सिकंदर बदलते रहते हैं

इंसाफ के नाम पर
कभी हुकूमत के बहाने
मकसद वही है साहेब
खंजर बदलते रहते हैं

माज़ी से लगाव कोई
ना मुस्तकबिल से वास्ता
हम अपने नक्श ए कदम
बराबर बदलते रहते हैं

तदबीर से काम ले
हौसले को कायम रख
मुकद्दर की मत सोच
मुकद्दर बदलते रहते हैं

अभी रू-ब-रू हैं तो
पलकों में छुपा लीजिए
आशिक़ के मिजाज़ ठहरे
अक्सर बदलते रहते हैं..